P. MARIN

Contre l'Arbitrage

DES

Chefs d'Etat

DEUXIÈME ÉDITION

J'appelle un chat un chat et l'arbitre argentin
Un souffleur à Thémis du rôle de Catin.

DARAGON, LIBRAIRE ÉDITEUR
96, Rue Blanche, 96
PARIS

P. MARIN

Contre l'Arbitrage

DES

Chefs d'Etat

DEUXIÈME ÉDITION

J'appelle un chat un chat et l'arbitre argentin
Un souffleur à Thémis du rôle de Catin.

DARAGON, LIBRAIRE ÉDITEUR
96, Rue Blanche, 96
PARIS

Chefs d'Etat et Arbitrage

Parmi les jurisconsultes du droit international, il en est deux dont le nom frappe souvent l'oreille.

Le professeur Louis Renault en France, le professeur Pasquale Fiore en Italie, jouissent de cet enviable privilège.

Le professeur Pasquale Fiore vient de mettre la main à un intéressant travail; ses conclusions sont de nature à provoquer les réflexions des juristes et des diplomates.

Ces conclusions font entrer la pratique de l'arbitrage international dans une voie nouvelle.

Celle-ci est plus étroite que l'ancienne, mais aussi elle est plus sûre.

C'est à l'occasion d'un incident américain que le professeur Pasquale Fiore est amené à les formuler.

Cet incident, c'est la guerre qui a été sur le point d'éclater, au mois de juillet 1909, entre la République Argentine et la Bolivie.

La menace de guerre s'est bornée à la rupture des relations diplomatiques entre les deux États.

La République-Argentine invita le ministre de la Bolivie, le docteur Escalier, à vider dans les vingt-quatre heures le territoire argentin, sous la conduite du commissaire de police.

La Bolivie, à cette nouvelle, enjoignit au ministre argentin à La Paz, le docteur Bartolomeo Fonseca, de prendre incontinent un train spécial, le conduisant à Antofogasta sur le Pacifique.

Et, depuis le mois de juillet 1909, les relations diplomatiques sont restées interrompues entre la République Argentine et la Bolivie.

A propos de cet incident diplomatique, don Pasquale Fiore a été conduit à étudier les causes qui l'ont amené.

Ces causes sont d'autant plus curieuses, qu'elles ont leur origine dans l'interposition des bons offices de la République Argentine.

Cela, en vue d'éviter des froissements entre deux des nations sœurs de l'Amérique du Sud, la Bolivie, déjà nommée, et sa voisine, le Pérou.

Bref, la guerre entre la République Argentine et la Bolivie a été imminente.

Elle a été sur le point d'éclater, à l'occasion des bons offices de la première à l'égard de la seconde et à l'égard de sa voisine, le Pérou.

Aujourd'hui encore, les relations diplomatiques restent rompues entre la République-Argentine et la Bolivie, à raison de ces bons offices.

Le professeur Fiore, étudie l'incident diplomatique; il scrute ses causes.

Il juge que cette expérience *in anima nobili* exige la radiation de pareilles causes, leur élimination de l'organisme international.

D'où, des conclusions originales.

Elles dirigent la pratique de l'arbitrage international dans une voie nettement tracée.

Cette voie, Fiore la trace sans hésiter, à l'écart du précipice, où la voie ancienne acculait la République argentine et la Bolivie.

Ce précipice était fatal.

Etant données les conditions de l'arbitrage entre le Pérou et la Bolivie qu'avait assumées la République Argentine, le vertige et la chute étaient à prévoir.

Le professeur Pasquale Fiore le fait toucher du doigt.

I. — *Le choix d'un chef-d'Etat pour arbitre est une tradition.*

« L'usage de choisir comme arbitre un chef d'Etat ne me semble pas heureux.

« Cet usage fut adopté dans l'antiquité, quand l'arbitrage avait pour objet de résoudre les conflits entre deux souverains.

« Ceux-ci naturellement confiaient cette tâche à un autre souverain.

« Cet usage se perpétua au moyen-âge et il a persisté à notre époque.

« Il me semble que pour conserver à l'arbitrage son véritable caractère, celui d'une institution exclusivement juridique, on doit préférer comme juges, des corps constitués.

« Il y a, par exemple, la Cour arbitrale de La Haye, l'Institut de droit international, telle ou telle Faculté de droit.

« On pourrait encore confier cette mission à des jurisconsultes éminents, jouissant de la confiance des parties en litige.

« Je n'entends pas par là, affirmer que les souverains doivent être systématiquement exclus des fonctions d'arbitre.

« Il serait, en effet, anormal de créer une telle incapacité, ou de limiter l'autonomie des parties dans leurs facultés de choisir comme arbitre, un roi, un empereur ou un président de République.

« Je dis simplement que le choix d'un chef d'Etat ne peut pas être considéré comme le meilleur.

II. — *Pourquoi la Tradition est-elle dangereuse ?*

« En effet, on ne peut pas toujours éviter, lorsque la sentance est contraire aux intérêts de l'une des parties, que les manifestations inconsidérées du peuple auquel la sentence est défavorable ne portent atteinte à la dignité de l'Etat, dont le chef a été choisi pour arbitre.

« Il n'est pas toujours facile aux populations des deux pays en litige, excitées par les intérêts nationaux, de distinguer la fonction d'arbitre de celle de souverain sur la même personne.

« De cette façon, les critiques, destinées à la sentence peuvent atteindre la dignité du chef d'Etat.

« Alors un conflit de caractère juridique peut se transformer en un conflit de caractère politique.

« L'arbitrage a pour objet de consolider les relations pacifiques entre les Etats.

« On doit, dès lors, à mon sens, considérer comme préférable de ne pas choisir comme juges des Souverains.

III. — *Argument tiré de l'histoire contemporaine*

« Ce qui s'est produit à l'occasion de la sentence arbitrale rendue par le président de la République Argentine démontre cela jusqu'à l'évidence.

« Je n'entends, certes, faire aucune critique; mais, seulement, indiquer le fait.

« Le peuple de la Bolivie se laissa entraîner à des démonstrations, aussi bruyantes qu'inconsidérées, devant la légation argentine pour exprimer ainsi, mal à propos, son ressentiment : le gouvernement bolivien fut contraint de réprimer c. mouvement populaire.

« De plus, la presse s'immisça à tort dans cette question et le peuple continua à faire des manifestations.

« La dignité des deux gouvernements fut fatalement mise en cause.

« Le conflit, qui était d'un caractère éminemment juridique, se transforma en difficulté politique : le rappel des représentants respectifs des deux États affirma la rupture de leurs relations diplomatiques.

« Le monde civilisé en fut péniblement ému.

« On put même redouter une déclaration de guerre.

IV. — *La cour de la Haye désignée par cet enseignement démonstratif.*

« En principe, l'autorité des sentences doit être religieusement respectée, surtout en ce qui concerne les sentences arbitrales.

« Il est donc absolument inadmissible que le fondement juridique de ces décisions puisse former l'objet de démonstrations populaires.

« Il est d'ailleurs certain que le gouvernement bolivien a fait tout ce qu'il pouvait pour réprimer les manifestations populaires.

« Je m'abstiens, d'une façon absolue, d'apprécier la conduite des deux gouvernements; je me borne à dire que ce qui s'est passé doit constituer un enseignement tout à fait démonstratif pour l'avenir.

« Tout le monde est d'accord pour admettre que les Souverains, désignés comme arbitres, remplissent consciencieusement leur mission et sont à l'abri de toutes les influences qui pourraient troubler leur impartialité.

« Cependant cela ne peut pas empêcher le peuple, excité par ses passions, de supposer que diverses influences n'aient pu, en dehors de la stricte justice, déterminer la décision de l'arbitre.

« Il convient d'éviter ce danger, en s'abstenant de choisir pour arbitres des chefs d'Etats et de soumettre la question en litige à la cour arbitrale de La Haye. »

Telles sont les idées, suggérées à l'éminent jurisconsulte par l'étude approfondie de l'arrêt rendu par le Président de la République Argentine pour trancher le conflit de frontières entre le Pérou et la Bolivie

Elles sont d'ailleurs indépendantes de la valeur juridique de cet arrêt.

Elles se fondent simplement sur les passions du peuple et sur la colère de la presse.

Or les passions du peuple manquent assez souvent de sens juridique.

Et il en est de même de la presse, dont la colère est également dénuée d'un critérium sûr, pour apprécier ce qui est exact au point de vue juridique, et ce qui, au contraire, est mauvais.

C'est pourquoi le désidératum de Pasquale Fiore est absolu.

« Si juridique que soit l'arrêt arbitral rendu par un Chef d'Etat, l'on ne peut jamais être assuré qu'il n'en sortira pas une diminution morale et peut-être la guerre contre la nation dont il est le chef.

« Conséquence : Il convient d'éviter de choisir pour arbitre un chef d'Etat. »

Il n'est pas oiseux toutefois de donner un coup d'œil sur les qualités juridiques de l'arrêt, qui a donné lieu à ces conclusions originales de Pasquale Fiore.

A ce point de vue l'étude magistrale de Pasquale Fiore est particulièrement émotionnante.

« Selon Pasquale Fiore, l'arrêt argentin est antijuridique.

Il ne correspond à aucune des règles du droit international.

Il les viole toutes.

Conséquence : dans ce cas particulier, les passions du peuple bolivien et la colère de la presse ont vu clair.

Bref, c'est l'arbitre qui est dans son tort.

Mais n'insistons pas sur la question juridique.

Il suffit de savoir ce qu'en pense Pasquale Fiore.

Et d'ailleurs, sur ce point spécial, l'appréciation de M. Weiss, professeur de droit international, à l'Université de Paris est identique à celle de Pasquale Fiore.

Voici l'appréciation du professeur André Weiss, vice-Président de la Société française pour l'arbitrage entre nations.

« L'arrêt arbitral du 9 juillet 1909 ne lie pas les deux Etats qui ont porté leur différend de frontières devant le Président de la République Argentine. »

C'est écrit, en toutes lettres, au 4' alinéa de la page 38, dans l'étude juridique consacrée par le professeur Weiss à l'arrêt argentin.

Vous entendez! l'arrêt arbitral argentin ne lie pas la Bolivie!

C'est la justification par le jurisconsulte de l'indignation populaire et de la colère de la presse!

Au cas de guerre entre la Bolivie et l'arbitre, la faute est à ce dernier.

L'appréciation du professeur Weiss vient renforcer les conclusions lumineuses de Pasquale Fiore.

Faut-il ajouter quelques considérations historiques à ces sages observations de Fiore et de Weiss?

Le 31 juillet 1909, *El Comercio de Lima*, organe du ministre des affaires étrangères du Pérou, a publié la teneur de vingt et une dépêches secrètes.

Ces vingt et une dépêches n'étaient ni plus ni moins que la correspondance chiffrée, échangée entre le gouvernement de la Bolivie et son représentant à Santiago du 11 au 24 juillet 1909.

Entre les vingt et une dépêches, voici celle qui porte le numéro 13.

Elle est datée du 20 juillet 1909.

Elle est signée du Président de la République de Bolivie.

« Il nous faut quinze mille fusils et quinze millions de cartouches.

« Il nous faut vingt-cinq mitrailleuses et trente pièces d'artillerie de campagne.

« Demandez au gouvernement du Chili de faire embarquer incontinent ce matériel, à destination d'Antofogasta.

« Il nous faut, en outre, un million de livres sterling pour la suite régulière de la campagne, qui pourra se prolonger.

« Quant aux officiers supérieurs et aux officiers subalternes, dont nous avons également besoin, je vous enverrai ultérieurement mes instructions. »

Cette dépêche ,numéro 13, suffit à donner une idée des effets terribles produits par l'arrêt argentin du 9 juillet.

Par cet arrêt, les relations diplomatiques entre l'Argentine et la Bolivie sont rompues.

Par le même arrêt, aux relations, jusque là cordiales, entre la Bolivie et le Pérou, succède la tension qui précède les premiers coups de canon.

Aux relations jusque là simplement courtoises entre la Bolivie et le Chili, succède l'alliance étroite, contre l'ennemi commun.

Cet ennemi commun, c'est l'arrêt qui le crée !

La publication par *El Comercio de Lima* des vingt et une dépêches secrètes entre le gouvernement de la Bolivie et son plénipotentiaire à Santiago montre à sa façon et tout aussi éloquemment que les études juridiques de Fiore et de Weiss que l'arbitrage est un instrument qui exige d'être manié avec dextérité.

C'est une arme terrible aux mains d'un maladroit.

En face des révélations de *El Comercio,* on en est à se demander quel voile Jupiter avait jeté devant les yeux de l'arbitre et de ses conseillers !

Rapprochons ces révélations de *El Comercio* des observations de MM. Fiore et Weiss sur la valeur juridique de l'arrêt :

« L'arrêt arbitral ne lie pas la Bolivie ! »

Il est clair que cet arrêt a opéré contre la paix sud-américaine.

Il est clair que cet arrêt a rompu les relations entre l'Argentine et la Bolivie !

Il a jeté dans les bras du Chili, la Bolivie dont l'amitié constituait pour le Pérou le plus précieux des remparts contre son ennemi héréditaire !

Il a violé, par dessus le marché, toutes les règles du droit international !

Ah ! l'arbitre a été mal inspiré le 8 juillet 1909 !

Le 8 juillet il répondit avec impertinence au docteur Escalier, ministre plénipotentiaire de la Bolivie qui sollicitait l'ajournement du prononcé de l'arrêt :

« J'ai passé votre demande du 6 juillet 1909 à la Commission Consultative.

« Elle m'informe que les formalités prévues par son règlement ont été satisfaites.

« La procédure est donc close et l'arrêt sera prononcé le 9 juillet. »

Sur des incorrections et des puérilités de cet acabit se jouent la paix et la guerre entre les nations !

Actuellement est en suspens un litige analogue à celui que trancha l'arrêt arbitral du 9 juillet 1909.

C'est le litige de frontières entre le Pérou et l'Equateur.

L'arbitre est le roi d'Espagne. Il tient entre ses mains la paix et la guerre entre les deux Républiques.

Dans un article de la revue *France-Amérique*, le capitaine Perrier vient de préciser cette situation.

Voici le résumé de son exposition :

« L'attente de l'arrêt arbitral du roi d'Espagne et surtout le bruit répandu qu'il serait défavorable à l'Equateur ont provoqué dans la République de l'Equateur, au début de l'année 1910, une surexcitation fiévreuse du sentiment populaire.

« La fausse nouvelle d'un attentat commis contre la Légation équatorienne à Lima a suffi à allumer l'incendie.

« Le 3 avril, à Guayaquil et à Quito, des manifestations tumultueuses se sont terminées par des attaques contre les consulats, la Légation et les propriétés privées péruviennes, avec destruction d'écussons et de drapeaux et dégâts matériels.

« La réponse ne s'est pas fait attendre.

Dès le 14 et le 15 avril, la populace de Payta, du Callao, de Lima s'est livrée aux mêmes excès, aux cris de *Œil pour Œil.*

« Aussitôt échange de notes entre les chancelleries !

« La note du Pérou, fort comminatoire, fixait un délai de six jours pour fournir les satisfactions demandées !

« Au bout des six jours, quelques adoucissements ont été apportés à l'ultimatum.

« Ensuite ,durant un mois et demi, on s'est préparé de part et d'autre à une lutte à outrance.

« On a procédé à la formation et au casernement des réserves.

« On s'est livré à des meetings enthousiastes, surtout en Equateur, où il était loisible d'en organiser en l'honneur de toutes les nations qui sont en délicatesse avec le Pérou : Chili, Bolivie, Colombie.

« Il y a eu les cérémonies du serment au drapeau et des kermesses patriotiques.

« Vers le milieu du moi de mai, cinq mille Equatoriens, sous le commandement du général Franco, étaient massés à Pasaje, Machala, Santa-Rosa, tandis que les Péruviens se concentraient autour de Zarumilla, Tumbes, Payta, Sullana.

« Mais le choc attendu ne s'est pas produit.

« Tout d'abord, pour éviter toute conflagration, le roi d'Espagne a pris la sage résolution de remettre à une date indéterminée la publication de sa sentence arbitrale. »

La sage résolution du roi d'Espagne, ainsi que le signale le capitaine Perrier, a été la principale cause de l'apaisement de la conflagration.

Grâce à l'ajournement de la décision arbitrale, la guerre est évitée.

Mais l'avenir?

A cet égard, l'opinion déduite par le professeur Fiore de l'étude de l'arrêt argentin garde toute sa force.

Cette conclusion, elle a été résumée au début de cette étude.

Cette opinion, c'est que le souverain ne doit pas compromettre le prestige de la nation qu'il représente en prononçant un arrêt arbitral, capable de déchaîner les passions populaires, d'exciter les clameurs de la presse, de provoquer la rupture des relations diplomatiques, d'allumer la guerre.

Cette opinion, c'est l'arrêt argentin, si fécond en catastrophes, qui l'inspire.

C'est un enseignement démonstratif, selon le mot typique de Pasquale Fiore.

Au reste, comme confirmation des opinions précédentes de Fiore, de Weiss, de Perrier, je reçois communication d'un mémoire qui, malgré sa nature confidentielle, n'en mérite pas moins d'être publié.

Ce mémoire produira une impression profonde, particulièrement chez les diplomates et chez les jurisconsultes de l'un et l'autre hémisphère.

En voici le résumé :

« Madrid, le 8 septembre 1910. Comme suite au rapport que j'ai eu l'honneur d'adresser à V. M. à la date du 24 avril 1910 sur les conséquences de l'arrêt arbitral rendu par le Président de la République Argentine, j'ai l'occasion de vous signaler de nouvelles conséquences de cet arrêt. Elles se sont produites postérieurement à mon précédent rapport. Leur importance est d'ailleurs telle que mon devoir est de ne pas vous les laisser ignorer. Pour éclairer ces conséquences, je mets sous les yeux de V. M. un certain nombre de documents. Parmi eux, il en est un qui mérite une particulière attention ; il n'est pas connu en Europe ; pas un journal n'en a parlé à Madrid ; il en a d'ailleurs été de même à Paris. A Londres, il n'a jamais été question de ce document. C'est la lettre par laquelle le ministre plénipotentiaire de la République du Pérou auprès de la République Argentine, au moment du prononcé de l'arrêt arbitral, vient de donner sa démission de ce poste. Cette lettre officielle tranche de la façon la plus absolue avec les documents de ce genre. Elle n'est pas l'œuvre d'un mécontent qui fait claquer les portes ; qui accuse d'impéritie son chef hiérarchique ou les collègues, dont les vues ont été préférées aux siennes. Ce n'est pas non plus l'ouvrage d'un petit esprit qui, soit par vanité, soit par orgueil, prétend mieux comprendre la crise politique dont il est témoin que les membres du gouvernement placés à grande distance. Don Enrique de la Riva Agüero n'est pas un mécontent ; ce n'est pas non plus un petit esprit ; c'est un logicien et un brave homme. Il expose avec lucidité les raisons qui motivent sa démission ; il en analyse avec précision les plus petits détails. Pour faciliter la compréhension des divers éléments de cette lettre, je les divise en vingt-cinq alinéas, dans l'ordre même où ils se succèdent sous la plume de Don Enrique. Cette division aide singulièrement à leur netteté. »

1. « Lima, le 29 avril 1910. Des incidents d'ailleurs désagréables, survenus récemment ;

2. « Que le patriotisme m'oblige de tenir secrets en ce moment.

3. « Et qui sont le corollaire d'autres incidents qu'il n'est pas convenable de rappeler ici, à cause de leur caractère personnel,

4. « Me font un devoir de ne pas rester à la tête de notre légation dans la République Argentine.

5. « Malgré les satisfactions que, à raison de ces incidents, j'ai eu l'honneur de recevoir de la part de S. E. le Président de la République.

6. « Et malgré les instances réitérées de M. le Président du Conseil des Ministres pour que je conserve un poste, que je n'ai pas sollicité et que mon honneur m'oblige à résigner.

7. « En le résignant, je manquerais à mon devoir, si je n'exprimais ici ma profonde gratitude des preuves constantes d'estime, que j'ai reçues du gouvernement argentin.

8. « Ainsi que des particulières attentions et des amabilités de la Société Argentine.

9. « A laquelle m'unissent de précieuses relations de famille et une vive sympathie.

10 « De laquelle, au cours de ma carrière politique, j'ai eu l'occasion de fournir plus d'une preuve.

11. « Il faut aussi qu'il y soit constaté, afin d'éviter des interprétations erronées, que, à cause de la situation délicate que traverse la république,

12. « Je me suis montré disposé à reprendre mon poste, à la condition de connaître, comme c'est mon droit de les connaître, les négociations récemment entamées par V. E. à mon insu, sans raison que je puisse considérer comme acceptable,

13. « Et à la condition de recevoir simultanément des instructions écrites, que j'ai réclamées avec insistance.

14. « Mon intention, en demandant des instructions, était de les étudier mûrement.

15. « Et si je les estimais en harmonie avec les convenances et la dignité de la République.

16. « Qui, selon moi, sont supérieures à toute autre considération.

17. « Mon intention était de retourner immédiatement à mon poste.

18. « Afin d'éviter, si cela était possible, les funestes errements suivis par notre chancellerie, au cours des dix neuf derniers mois.

19. « A cet égard, S. E. n'ignore pas ma façon de penser,

20. « Qui est conforme à celle de la majorité de l'élément conscient du pays.

21. « Lequel, tout en affrontant avec la fermeté la plus tranquille la coalition internationale, organisée contre lui.

22. « Ne méconnaît cependant pas que c'est par défaut de sagesse, que cette coalition n'a pas été évitée.

23. « Mon patriotisme et l'accomplissement intégral des devoirs de ma fonction s'opposent à ce que je taise ces idées;

24. « Car elles sont la cause fondamentale.

25. « Bien qu'elles ne soient pas la cause unique des incidents fâcheux, qui motivent ma démission.

26. « Je prie V. E. d'en rendre compte à S. E. le Président de la République et de le prier d'accepter ma démission. E. De la Riva Agüero.»

« Don Enrique de la Riva Agüero ne désigne pas explicitement l'arrêt arbitral.

« Il ne prononce pas le nom de don Victor Maurtua, son collègue, le ministre plénipotentiaire envoyé par le Pérou à Buenos-Aires vec la mission spéciale et exclusive de l'arrêt, tandis que tout le reste de la politique péruvienne à Buenos-Aires ressortissait à don Enrique.

« Il se borne à énoncer que le patriotisme lui fait un devoir de tenir secrets, au moment où il écrit sa lettre, les incidents qui sont la cause de sa démission.

« Mais est-il besoin que don Enrique prononce le nom de don Victor Maurtua? A qui a été confiée l'unique négociation traitée en dehors de don Enrique, entre l'Argentine et le Pérou, au cours des dix-neuf mois qui séparent le 29 septembre 1908 du 29 avril 1910? A don Victor Maurtua. Et quel est l'unique objet de cette négociation? C'est l'arrêt arbitral entre le Pérou et la Bolivie. Il est donc parfaitement inutile que don Enrique inscrive dans sa lettre de démission le nom de don Victor Maurtua. Il est également superflu que don Enrique y spécifie qu'il s'agit des négociations de la chancellerie péruvienne : premièrement, en vue d'obtenir cet arrêt; secondement,

une fois cet arrêt obtenu ,pour exécuter les pro-
messes stipulées par don Victor Maurtua dans la
préparation de l'arrêt. Sans doute, pour un pro-
fane, non initié aux détails de la politique péru-
argentine, la lettre de don Enrique serait plus
claire, si elle mettait les points sur les i et si
elle nommait en toutes lettres l'arrêt argentin et
don Victor Maurtua. Mais don Enrique prend le
soin d'expliquer le motif pour lequel il ne prononce pas le nom de don Victor Maurtua et la
raison qui l'oblige à éviter de mentionner l'arrêt argentin. Ceci dit, il est facile de boucher les
lacunes de la lettre de démission de don Enrique,
en s'abtenant du scrupule patriotique, qui lui fait
taire don Victor Maurtua et l'arrêt argentin.

B. I. « Les révélations désagréables qui m'ont
été faites, au cours des trois derniers mois, par
la Chancellerie péruvienne.

B 2. « Au sujet des négociations poursuivies,
actuellement par cette Chancellerie,

B 3. « Et qui sont le corollaire des négociations entamées à Buenos-Aires par M. Maurtua,
du 29 septembre 1908 au 10 octobre 1909,

B 4. « M'empêchent de rester à la tête de notre
Légation dans la République Argentine,

B 5. « Malgré les satisfactions que, à l'occasion de ces révélations, j'ai eu l'honneur de recevoir de M. le Président de la République.

B 6. « Et malgré les instances réitérées de
M. le Président du Conseil des Ministres pour
que je conserve un poste, que je n'ai pas sollicité et que mon honneur m'oblige à résigner.

B 7. « En le résignant, je manquerais à mon
devoir, si je n'exprimais ici ma profonde gratitude des preuves constantes d'estime que j'ai reçues du Gouvernement argentin.

B 8. « Et des particulières attentions et amabilités de la très distinguée société argentine,

B 9. « A laquelle m'unissent de précieuses relations de famille et une vive sympathie,

B 10. « De laquelle, au cours de ma vie politique, j'ai eu l'occasion de donner plus d'une
preuve.

B 11. « Il faut aussi qu'il y soit constaté, afin
d'éviter des interprétations erronées, que à cause
de la situation délicate que traverse la République ;

B 12. « Je me suis montré disposé à reprendre
mon poste à la condition de connaître, comme

c'est mon droit de les connaître, les négociations récemment entamées par V. E., à mon insu, sans raison que je puisse considérer comme acceptable et dont l'existence vient de m'être révélée,

B 13. « Et à la condition de recevoir simultanément des instructions écrites, que j'ai réclamées avec insistance.

B 14. « Mon intention, en demandant ces instructions, était de les peser mûrement.

B 15. « Et au cas où je les aurais estimées conformes aux convenances et à la dignité de la République.

B 16. « Qui, selon moi, sont supérieures à toute autre considération.

B 17. « Mon intention était de retourner immédiatement à mon poste.

B 18. « Afin de réparer, si cela était possible, les funestes errements suivis par votre chancellerie dans la question de l'arrêt argentin, au cours des dix-neuf derniers mois.

B 19. « A l'égard des errements de la chancellerie dans la question de l'arrêt argentin, V. E. n'ignore pas ma façon de penser,

B 20. « Qui est conforme à l'opinion qu'en aurait la majorité de l'élément conscient du pays, s'il était au courant des révélations, que je viens moi-même de recevoir.

B 21. « Lequel, tout en affrontant avec la fermeté la plus tranquille la coalition du Chili, de la Bolivie et de l'Equateur

B 22. « Ne méconnaitrait pas, s'il recevait ces révélations, que c'est, par défaut de droiture de M. Maurtua, que la Bolivie a été jetée dans cette coalition, qui lui répugnait.

B 23. « Mon patrotisme et l'accomplissement intégral des devoirs de ma fonction s'opposent à ce que je taise mes idées sur les négociations entamées par M. Maurtua,

B 24. « Car elles sont la cause fondamentale,

B 25. « Bien qu'elles ne soient pas la cause unique des incidents qui motivent ma démission. »

« Voici, cette fois, la lettre de démission de don Enrique, expliquée en langage clair, formulée en termes compréhensibles pour un Européen, médiocrement familier avec la politique du Pérou et de l'Argentine. Pénétrons plus avant dans les négociations relatives à l'arrêt argentin, qui font l'objet de cette lettre. Don Enrique nous apprend : 1° « Les errements suivis par don Victor Maurtua sont funestes (alinéas 18 et 19) » ; 2° « L'opinion de l'élément conscient du Pérou sur ces errements est telle (alinéa 20) » ; 3° la Bolivie a été jetée par ces errements dans la coalition antipéruvienne, contrairement à sa politique traditionnelle (alinéa 22) » ; et à ces trois principaux caractères des négocations péruviennes touchant l'arrêt argentin, il convient d'en ajouter un quatrième. « Don Enrique n'est pas au courant de l'intégralité de ces négociations ; il en connaît seulement le commencement, c'est-à-dire la portion ancienne que la chancellerie péruvienne a commencé par lui révéler, dans les trois mois qui ont précédé sa démission : il en ignore le reste ;la chancellerie ne le lui a pas confié, à cause de la répulsion manifestée par lui,au reçu des confidences relatives à la portion ancienne. » Cette ignorance partielle de don Enrique résulte de l'alinéa 12, par lequel don Enrique tient à noter qu'il a proposé de différer l'envoi de sa lettre de démission aux conditions suivantes : 1° « Exposé intégral de l'état actuel des négociations sur l'accomplissement des stipulations de M. Maurtua ». 2° « Instructions écrites sur la façon dont la Chancellerie péruvienne entend conduire les dites négociations dans l'avenir ». 3° « Conformité de ces *instructions à venir* avec les convenances et la dignité du Pérou, cui, selon don Enrique, sont supérieures à toute autre considération. » Bref, voici les principaux caractères des négociations, commencées avant le prononcé de l'arrêt argentin et continuées depuis : 1° « commencées selon des « errements funestes », 2° « contraires à la conscience du Pérou », 3° «jetant la Bolivie dans la coalition antipéruvienne », 4° « non intégralement connues de don Enrique dans leur dernière phase », 5° « de nature à exiger des instructions écrites, tant elles sont scabreuses et délicates », 6° « instructions probablement contraires aux convenances/ et à la dignité du Pérou qui, sont supérieures à toute considération d'ntérêt ». Ces six traits signalétiques n'ont rien de banal. La première réponse qui vient à l'esprit est la suivante : « Il s'agit actuellement de la suite des négociations entamées par don Victor Maurtua, à l'occasion de l'arrêt argentin : cette suite de négociations relatives à un arrêt rendu dix mois plus tôt est, à elle seule, une anomalie. On s'explique les négociations qui précèdent l'arrêt artibral : on comprend les formalités qui accompagnent son prononcé et qui en constatent le cérémonial : mais des négociations qui se prolongent là-dessus dix mois après ! C'est singulier ! Or, à cette anomalie de négociations posthumes, vu leur survivance à l'objet qui les justifie, s'ajoute cette singularité : 1° « ces négociations ont été cachées dans leur intégrité au ministre plénipotentiaire du Pérou auprès de l'Argentine, durant les sept mois consécutifs à l'arrêt ! » 2° « la partie ancienne de ces négociations a, seule, été révélée à ce ministre, au cours du dixième mois de l'arrêt ! » Voilà deux nouvelles anomalies ! Elles sont de nature à inspirer la réflexion : « Bizarres négociations ! La Chancellerie péruvienne en a honte ! Il lui faut sept mois pour s'en ouvrir au plénipotentiaire, qualifié pour les continuer ! Il lui en faut trois autres pour cette communication ! Encore cette communication demeure-t-elle incomplète ! La chancellerie péruvienne dissimule encore les plus récents détails de ces négociations à son ministre plénipotentiaire à Buenos-Aires ! Ce dernier se voit obligé de réclamer la confidence de ces récents détails dans leur intégralité ! Ce ministre plénipotentiaire demande, en outre, des instructions écrites pour la continuation de ces négociations ! Et, ce qui est un comble, don Enrique formule une réserve sur la contradiction éventuelle de ces instructions avec la dignité du Pérou et avec les convenances ! » Cette ultime considération est d'une extrême gravité. Voyons ! Relisons ! Négociations : 1° « survivant à leur objet » ; 2° « dissimulées, en totalité d'abord, pour partie ensuite à don Enrique » ; 3° « exigeant, pour leur continuation, des instructions écrites » ; 4° « lesquelles instructions sont, à *priori*, suspectes d'être contraires à la dignité du Pérou ». Bref, un arrêt a été rendu. Dix mois après le prononcé de l'arrêt, la conversation continue entre le plaideur et le juge. La conversation est de nature délicate. Le mandataire du plaideur exige de celui-ci des instructions écrites pour se couvrir. Le mandataire manifeste l'appréhension que ces instructions soient en marge du code. Je lis, je relis, il me semble lire entre les lignes ; « Collusion » et le mot va se glisser sous ma plume. Mais c'est un serpent ! J'en ai le frisson ! Je le bannis ! Je le fais rentrer sous les délicates allusions de don Enrique, où il dort discrètement caché ; où nul, parmi les plus perspicaces, ne se vante encore de l'avoir deviné. Eh oui ! il y a anguille sous roche ! Nous venons de l'apercevoir. Gardons le secret. Il est d'importance. Le serpent entame le prestige du Pérou, il effleure celui de l'Argentine : mais ce qu'il dévore, c'est le prestige de l'arbitrage international ! La lettre de don Enrique sonne son glas ! Somme toute, qu'est-ce que la lettre de don Enrique ? C'est un réquisitoire ! C'est le réquisitoire d'une concience aux abois !

Elle pousse le cri d'alarme! Elle avertit la patrie du danger qu'elle court! Dans cette lettre, don Enrique donne un exemple du courage le plus rare, celui de l'honnête homme, auquel apparaît subitement l'immoralité de son ami, de son chef! Plutôt que d'y prêter la main, don Enrique renonce à l'amitié. Don Enrique accomplit, ce faisant, un devoir supérieur à ceux de l'amitié. Il avertit la conscience péruvienne des abus ,que l'on commet en son nom. Bien avant cette lettre, dès 1909, un diplomate, attentif aux bavardages d'antichambre de la chancellerie de Lima, a émis l'opinion. « Il y a du louche dans la rédaction de l'arrêt arbitral. Mais le gouvernement argentin y est étranger. Cela s'est produit, à son insu, entre don Victor Maurtua et don Horacio Beccar Varela, secrétaire de la Commission et fac-totum de cet organe consultatif ». Ce diplomate motive son opinion par les indiscrétions de la chancellerie, qui ont transpiré 1°«sur l'arrivée de la chancellerie de Lima, en décembre 1908, d'un projet d'arrêt arbitral » ; 2° « sur les améliorations apportées audit projet, à ladite chancellerie » ; 3° « sur l'arrivée à Lima, en mai 1909, d'un second projet, proposé à la chancellerie, qui y rencontra une chaleureuse approbation, et qui, celui-là, se trouva en tous points conforme à l'arrêt prononcé, le 9 juillet 1909, par le Président Alcorta ». Au reste, les indiscrétions commises à Lima sur ce sujet délicat sortent du domaine de l'anecdote, elles entrent dans l'histoire. Les salons de Lima s'en font l'écho, à la suite de la joie indiscrète, manifestée *inter pocula*, dans un banquet célébré pour fêter un arrêt aussi patriotique. Cet écho franchit le Titicaca, il traverse la frontière péru-bolivienne. Il arrive à La Paz. Il frappe les oreilles de la chancellerie bolivienne. Celle-ci s'en alarme. Cablogramme à son représentant à Buenos-Aires. Ordre de demander au Président Alcorta de surseoir au prononcé de l'arrêt arbitral, jusqu'à la visite des territoires contestés. La demande bolivienne précipite le prononcé de l'arrêt. Cette demande est formulée, le 6 juillet. Dès le 8, la chancellerie argentine y répond négativement. Elle base son refus sur une délibération de la commission consultative. Or cette délibération n'a pas eu lieu! Le délai matériel de la convocation des membres de la Commission, dont l'un était à la campagne, a fait défaut! On a remarqué, d'ailleurs, que le livre bleu, distribué au légations, accréditées à Buenos-Aires, en réponse aux critiques contre l'arrêt, est dans l'impuissance de publier le procès-verbal de cette prétendue délibération! Jamais cependant occurence ne fut plus grave! Jamais ordre du jour ne fut plus impérieux que la demande du ministre plénipotentiaire de Bolivie ! En réalité, la délibération de la Commission Consultative, c'est don Horacio Beccar Varela ! Le fac-totum, aux prises avec un obstacle imprévu, prend sur lui, dans cette circonstance exceptionnelle, de répondre pour le Président, de répondre pour chacun des membres de la Commission Consultative. Il imagine une délibération, dont il n'existe aucun procès-verbal ! Rien que ce détail ne suffit-il pas à manifester le rôle prépondérant du personnage ? En apparence, c'est un organe subalterne ! En réalité, il est la vie de la Commission ! Là-dessus, un diplomate qui a suivi cette vie, qui a été témoin de ses faits et gestes donne ainsi son opinion : « Président de la République, Ministre des affaires étrangères, Président de la Commission Consultative, Membres, plus ou moins transitoires, de ladite Commission, tous se sont laissé conduire par leur fac-totum. Sans doute, y avait-il excès de laisser aller et de confiance, dans ce commun abandon, mais de collusion, non ! » La thèse du laisser aller et de l'abandon du Président de la République, du Ministre des affaires étrangères, du Président de la Commission Consultative, des divers membres de ladite Commission peut-elle persister, en face du texte du douzième alinéa de la lettre de don Enrique? Oui ! J'ai eu l occasion de l'entendre de la bouche d'un diplomate expérimenté. Il vivait à Buenos-Aires, au moment des circonstances singulières qui ont précédé le prononcé de l'arrêt. Voici la thèse de don Figobérto, contre la collusion du gouvernement argentin : « La lettre de don Enrique est pleine de gratitude pour le gouvernement argentin. Elle ne contient de critique que pour la chancellerie péruvienne. Le douzième alinéa, en particulier, ne fait aucune allusion au gouvernement argentin. Il n'y est pas question de négociations entamées par la chancellerie péruvienne *avec le gouvernement argentin*. Il y est question de négociations tout court. Il n'y est pas spécifié si c'est avec le gouvernement argentin, avec don Horacio Beccar Varela, avec Fulano ou avec Zutano. Or, sous la plume de don Enrique, chaque mot a sa valeur, chaque omission a sa portée. Don Enrique a laissé au lecteur, pour lequel sa lettre est écrite en style contenu, cette double interprétation. Il est donc loisible d'examiner l'une et l'autre. Quant à moi, la seconde, la négociation avec Fulano ou Zutano est plus probable que la négociation avec le gouvernement argentin. J'absous le gouvernement argentin de tout reproche de collusion, dérivant de la lettre de don Enrique ».

Dans ma conversation amicale avec don Rigoberto, je ne pus me défendre de cette remarque : « L'examen du texte de la lettre de don Enrique vous donne raison. Le gouvernement argentin n'y est pas mis en cause, sinon pour recevoir sa gratitude et ses remerciements. L'alinéa 12 en particulier, est élastique. Il peut être entendu de négociations auxquelles le gouvernement argentin est étranger et dont Zutano et Fulano sont les interlocuteurs. Vous raisonnez juste ! Cependant suivez le fil de mon argumentation. La lettre de don Enrique ? Admettez-vous que la chancellerie argentine l'ait lue ? » Don Rigoberto hésita un instant, avant de répondre ; il finit par dire : « Il serait bien extraordinaire qu'il n'en ait pas en connaissance ! Cette lettre, absolument ignorée en Europe, a fait, en effet, un bruit du diable à Lima et à Buenos-Aires. Ce que l'on a écrit d'articles et d'entrefilets à son occasion, dans *La Argentina*, dans *El Diario*, dans *La Nacion*, dans *La Prensa*, dans *El Tiempo !* Peut-être une centaine ! » Alors dis-je à mon tour à don Rigoberto : « Vous admettez donc que la Chancellerie argentine a eu sous les yeux l'alinéa 12 de la lettre de don Enrique. Or cet alinéa a une saveur étrange : *Je me suis montré disposé à reprendre mon poste, à la condition de connaitre, comme c'est mon droit de les connaître, les négociations récemment entamées par V. E. à mon insu, sans raison que je puisse considérer comme acceptable.* Vous pensez que les négociations visées par cet alinéa sont entre Beccar Varela et la chancellerie péruvienne ! Vous pensez quelles ont lieu à l'insu du gouvernement argentin, de même qu'elles avaient lieu à l'insu de don Enrique ! C'est votre droit ! C'est conforme au texte de don Enrique ! Mais, après les cent articles de *La Prensa* et de *La Nacion ?* Le gouvernement argentin a-t-il eu la curiosité de pénétrer le sens secret de cet alinéa 12 ? Le gouvernement argentin s'est-il posé la question : *Que sont donc ces négociations récemment entamées chez moi, sans que don Enrique les ait connues ?* » « Don Rigoberto parut tout désorienté de ma question, mais il se reprit vite et me répondit : « Sans doute, le gouvernement argentin a connu, en lisant l'alinéa 12, les négociations du gouvernement péruvien avec don Horacio Beccar Varela, en admettant qu'il les ait ignorées jusqu'à la publication de la lettre de don Enrique. Supposer de sa part toute absence de curiosité, en présence d'une affirmation catégorique d'un ministre plénipotentiaire, accrédité auprès de la République Argentine ! Non ! Cela est déraisonnable ! Et pourtant ! Il n'y a pire aveugle que ce-

lui qui ne veut pas... | Le gouvernement argentin
aurait fait la sourde oreille, quant à cette lettre
qui ne lui est pas adressée, quant aux échos de
El Diario et de *La Argentina* qui divaguent à qui
mieux mieux ! Ma foi ! Je n'en jurerais pas ! Je
n'en serais pas plus surpris qu'en enregistrant
dans ma jugeotte le refus opposé par don Victo-
rino de La Plaza a don José Maria Escalier,
refus invoquant une délibération négative de la
Commission consultative ! Délibération, qui n'a
pas eu lieu ! Délibération impossible, puisque les
délais de convocation font eux-mêmes défaut !
Bref, je crois que le gouvernement argentin a dû
ignorer la lettre de don Enrique, ou bien faire
comme s'il l'ignorait. Il a bien paru ignorer les
gentillesses de don Horacio Beccar Varela avec
don Victor Maurtua ! Il a fermé les yeux sur la
crânerie avec laquelle don Horacio Beccar Varela
a retorqué la demande de don José Maria Fsca-
lier, sur la visite des territoires contestés ! Il se
peut bien que l'alinéa 12 de la lettre de don Enrique n'ait point paru au gouvernement argentin
mériter une demande d'explications de sa part
à la chancellerie péruvienne ! Même en absolvant
le gouvernement argentin de toute collusion, je
me suis déjà trouvé plus d'une fois embarrassé
pour préciser les rôles respectifs joués par don
Horacio Beccar Varela, qui, lui, est bien de collusion avec don Victor Maurtua, et par le gouvernement argentin ! Votre réflexion sur la lettre de
don Enrique me suggère un embarras de plus ! Il
est clair que la lecture de cette lettre est de nature à révéler au gouvernement argentin la collusion de don Horacio Beccar Varela, au cas
où il l'ignorait. Mais, rien de plus ! Le gouvernement argentin est en droit de penser : *Cette
lettre ne m'est pas adressée, je n'ai pas besoin
de la lire !* C'est évidemment le comble de la
discrétion. C'est aussi le comble de la diplo-
matie ». Je m'attarde à relater à V. M. ma conversation avec le diplomate avisé et fin qu'est
don Rigoberto. Elle est de nature à éclairer
V. M. sur les recoins de l'arrêt argentin. La
lettre de don Enrique est un flambeau fixe qui
éclaire un objet unique, les négociations de la
chancellerie péruvienne, en vue de récompenser
l'auteur de la collusion de l'arrêt argentin. La
conversation de don Rigoberto est la succession
des allumettes qui permettent d'éclairer un à un
les recoins laissés dans l'ombre de ces négociations et derrière elles. Sans doute il est difficile
d'absoudre de tout reproche le gouvernement argentin, dans la question de son arrêt arbitral.
Cependant l'accuser de collusion, au sens strict
du mot ? Non | La collusion appartient à don

Horacio Beccar Varela et à don Victor Maurtua !
Là-dessus, il n'y a pas de doute ! La collusion
appartient également à la chancellerie péruvienne, qui a pris à son compte le crime de don
Victor Maurtua ! Cela paraît clair, après la lettre de don Enrique ! Mais quant au gouvernement argentin, ce serait excessif de trouver dans
la lettre de don Enrique la preuve de sa collusion ! Je me suis efforcé de mettre sous les yeux
de V. M. les problèmes que soulève l'arrêt d'arbitrage du Président de la République Argentine.
Au milieu de ces problêmes, apparaît la collusion
par don Victor Maurtua d'abord, par la Chancellerie péruvienne ensuite. Elle est un symptôme
d'une spéciale gravité. La collusion s'exerce à
ciel otuvert ! La lettre de don Enrique la constate !
Et la disgrâce ne frappe ni Maurtua ni Beccar
Varela. Au contraire, le gouvernement péruvien
se solidarise avec la collusion ! Il se prive des
services de don Enrique, qui lui crie : *Les convenances et la dignité de la République du Pérou
sont supérieures à toute autre considération.* Il est
temps que je déduise de cette exposition quelques
unes des conséquences qu'elle comporte, spéciale-
ment au point de vue de l'arbitrage poursuivi
auprès de V. M. par la République du Pérou
dans le litige de frontières avec l'Equateur. Je
me borne à signaler à V. M. que dans l'intérêt
général il est à souhaiter, ainsi que V. M. me l'a
exprimé en recevant mon rapport du 24 avril, il est
à souhaiter, dis-je, que V. M. suspende indéfini-
ment le prononcé de son arrêt arbitral, et attende
une circonstance favorable pour faire accepter
cette suspension par le Pérou. Cette circonstance
se présente aujourd'hui avec la lettre de don
Enrique de la Riva Agüero. Il est facile à V. M.
dans un de ses prochains entretiens avec **M. le**
Ministre de la République du Pérou de lui
exprimer la douloureuse surprise que lui a pro-
curé l'examen attentif de cette lettre et de formuler le souhait que la chancellerie péruvienne
daigne lui fournir les explications qui détruisent
la légende qui découle de ladite lettre de don
Enrique. Ce souhait est trop naturel de la part
de V. M. pour qu'il puisse y être opposé la plus
légère objection. S. M. admet un joueur à sa partie de trésillo. Ce joueur est accusé de tricherie
par la lettre d'un ami hautement considéré.
S. M. a le droit d'exiger du joueur qu'avant de
s'asseoir de nouveau autour du tapis vert, il se
disculpe de ce reproche. Pareil scrupule est de
règle dans la Société et, à plus forte raison,
quand l'enjeu de la partie de trésillo est de nature
à décider la paix ou la guerre. Je pense donc
que V. M. tient, grâce à la lettre de don Enrique

de la Riva Agüero, le plus sûr des moyens pour tirer l'Espagne du pas difficile où elle est engagée par l'échéance de l'arrêt arbitral entre le Pérou et l'Equateur. L'usage de cet expédient est bien indiqué. En effet, le jour prochain où la collusion de don Victor Maurtua avec don Horacio Beccar Varela fera l'objet des polémiques de la presse mondiale, ce sera la tempête. C'en sera fait pour un temps du prestige de l'arbitrage international ! Il convient donc de ne pas aller au-devant de ce déprestige et de ne pas s'embarquer au moment où apparaît le point noir qui le contient. »

Je m'abstiens de commentaires sur ce document.

La parole est à la chancellerie péruvienne et aussi à la chancellerie argentine.

Seules, les explications de ces chancelleries jetteront une lumière éblouissante sur l'imbroglio, qui se révèle inopinément à la sagacité des psychologues, en quête de révélations sensationnelles.

Que dira Lima ? Que fera Buenos-Ayres ?

N'est-ce pas là toute la question !

www.ingramcontent.com/pod-product-compliance
Ingram Content Group UK Ltd.
Pitfield, Milton Keynes, MK11 3LW, UK
UKHW021639130726
13696UKWH00005B/2303